JN410492

돌아가는 바람

한국작가작품선 · 48

돌아가는 바람

성현철 시집

한국작가 출판부
동행

시인의 말

바람이 밀고 가는 계절에 잠긴 그리움을 기억합니다.

만개한 꽃들은 하나 둘 꿈으로 저물고 퇴색의 절정에서 하강하는 낙엽을 따라 나의 가슴도 그렇게 하루하루를 살았습니다.

눈꽃으로 들꽃으로 피어 돌아왔던 바람은 새들의 노래를 구름에 전하고 눈물의 꽃씨를 하늘에 띄우며 동네 어귀를 뛰어놀던 아이들의 눈망울에서 빛나는 별이 되었습니다.

사랑했던 시절은 오늘이 새롭고 지난했던 삶의 아픔은 회색빛 하늘을 떠가지만 백발의 은총이 가득한 어느 날 공원 벤치의 풍경에서 그 바람을 다시 만날 것입니다.

세월이라는 긴 강을 건너 돌아가는 바람은 그 바람의 끝을 기약하듯 나의 얼굴에 하얀 미소를 쓰고 있었습니다.

두 번째 시집 발간에 붙여

시적 성숙함이 엿보이는

김 건 중
(전 한국문인협회 부이사장)

성현철 시인의 첫 시집 「돌아오는 바람」에 이어 다시 두 번째 시집을 낸다고 시평을 써 달라고 했을 때 망설이지 않을 수 없었다.

왜냐하면 필자가 아니더라도 훌륭한 평자도 많을 뿐더러 소설가가 시집에 대한 평을 쓴다는 것이 쑥스럽고 민망하다는 생각 때문이었다. 그러나 성현철 시인에 대해 다른 문인보다는 좀 더 알고 있다는 점과 성현철 시인은 필자가 발행하는 계간 「한국작가」로 등단했다는 연유로 쓰게 된 것이다.

첫 시집은 산문시 형식으로 회화성 짙은 시가 많았다. 물론 회화성이 주는 빠른 이해와 친근감이 독자에게 쉽게 다가설 수 있는 장점도 있겠으나 상징성이 결여되기 쉬운 아쉬움이 있었다.

그러나 그간 많은 습작을 통한 정진이 있었음인지 이번 두 번째 시집에서는 종전의 결점을 보완했

음이 확연히 눈에 들어왔다.

성현철 시인의 시는 여성적 성향의 감성과 인간의 존재와 삶에 대한 끊임없는 스스로의 성찰에서 얻어진 철학적 사유가 드러나고 있다. 또한 이 모든 감성을 바람에 은유하여 시를 형상화시키는 시적 성숙함도 엿보였다.

그것은 1부 '계절의 향기'에서 자연에 대한 서정성, 2부 '그림일기'에서 보여주는 삶의 모습에 대한 형상화, 3부 '안개 속의 끈'에서 상상의 날개로 그린 꿈과 의식세계가 나타났고, 4부 '희연'에서 사람의 인연 속에서 성찰하는 자세와, 5부 '바람의 길목'에서 심연 깊은 곳에 있는 감성을 자연스럽게 끌어내고 있는 점이 그러했다.

이러한 성현철 시인의 시세계는 앞서 말한 시적 성숙함을 충분히 대변하고 있다는 생각이다. 그러나 문학, 그것도 시의 세계란 쉽게 확보되고 얻어지는 것이 아니라는 것을 말하고 싶다.

끝으로 끊임없이 떨어지는 물방울은 아무리 단단한 바위라도 뚫듯이 성현철 시인도 더욱 정진하면 좋은 시를 남길 수 있는 시인이 될 수 있다는 믿음을 가져보며 좋은 시가 담긴 세 번째 시집을 기다려 본다.

2011. 여름

Contents

1 계절의 향기

2 그림일기

3 안개 속의 문

Contents

4 희연 · II

Contents

5 바람의 길목

1

계절의 향기

진눈개비

한바탕
황사가 휘돌아 간 후
입춘대길에 무심한 눈

창밖은
길 잃은 겨울의
별리

화사한 눈꽃 언덕을
푸념으로 늘어놓으면

차마 버리지 못한
해묵은 달력에
걸린 추억

허둥지둥 돌아보는
못 다한
가슴 앓는다

흑백의 계절

꽃 몽우리 터질 듯
부푼 봄날 가슴엔
기지개 켜는
나무들의 눈뜬 소리들

연인들 오고가는
호숫가 푸름 속에서
심연에 속살거리는
미지의 방언

돌아보면 바람인 들판에 서서
꽃을 기다리던 마음

이제는 다가서고 싶은데
꽃이 되고 싶은데

겨울에 묶인
뒤란의 마른 잎들을
꽃샘에 떨어뜨리는
알 수 없는 비밀만
하늘에 수놓는 봄

귀로

미동하는 몸짓
하늘에서 땅에서
아지랑이로 피어 오르는
수런거림

작은 설렘이나
두드림에 물드는
언어들 속에
결빙을 깨어 흐르는
생명의 소리들

이제는
봄이 오는 시간

긴 어둠을 헤치고
푸르게 봄물 들어
숲으로
숲으로
돌아가는 길

꽃말

두 눈 감으면
구름의 행간을 건너
다가서 있는 봄

바람이 빗고
햇살 수놓은
들녘 꽃길에

치마폭 감추는
수줍은 백치의
얼굴 얼굴이

향기에 취한
환희의 영무(靈武)

옷고름 새긴
그대 언약에
봄밤 마르기까지
고개든 나의 마음은

꽃이 내가 되고
내가 꽃이 되는
아름다운 기다림

향수

화장대에 앉아
향기에 취해 있던 어린 시절
엄마 몰래 열어보고
손끝에 찍어 바르던
코끝의 여운

초록이 가득했던 크리스탈 호리병
작게 오므린 손에 쏟아낸 후
입에 넣고 맛이야 본다지만
향기 좋아 맛을 내는 것 아니었네

푸념어린 미간 일그러진 채
애써 삼키고 맛을 느끼려다
속 아파 울고 꾸중에 울었는데

거리는 초록의 향연
기억을 맴도는 사월의 향기
푸른 잎 한 점 따다
입에 넣고 싶은

꽃과 나무

당신은
늘 그 자리에 서서
한 순간 거짓 없이
꽃이 피는 순간을 기다려온
배경이었습니다

찬란한 봄빛으로 물들고
지천이던 향기에 가려
어둡고 초라한 배경으로
서 있는 당신은
꽃을 더 아름답게 하기 위한
희생이었습니다

바람의 꿈결을 타고
하나 둘 잎이 지는
이 거리에서
나는 또 봄이 오는 꿈을 꾸고
당신은 오직
꽃이 필 순간을 기다리는
여정에
발을 묶었습니다

슬픈 비밀

오월의 향기 속에
푸르른 마음
여린 잎 흔들리는 창가엔
하늘 높이 아름다운
꿈 많던 시절 생각이 나

걸어온 자취마다
세월의 흔적으로 묻어오는
눈물 많던 이야기들
이제와 모르는 것처럼
말없이 묻고 가야지

하얀 튤립 노란 금송화야
영원히 아름다울 수 있어
밥풀 꽃나무 이팝나무야
이 푸른 아름다움
영원할 수 있다는 말

슬픈 비밀로
간직해 주기를

하늘에 띄우는 편지

일렁이는 꽃바람
햇살 기지개 켜는 오후

뜻 모를
눈물 찾아들어
온기 없는 방 한 켠
의지 없이 누워보네

자연의 경계 벗어난
후미진 문명의 골짜기
헤일 수 없는 심연에
홀로 피는 꽃

화초를 심고
나무 한 그루 가꾸고픈
작은 설렘으로
따스한 온기 채워지는
길 모롱이 내 작은 꿈

예지의 바람

한여름의 무더위
우기도 지나지 않은
아침 길목에는
한 자락 가을의 향기

숲을 가로지르는
바람의 길이 있어
땅 속 숨죽여
때를 기다리는
깊은 울음의 소리들

변화무쌍한 계절을
한데 얽혀 흘러온
지난한 목숨의
길 모롱이

균열하는
문명의 혼란과
소용돌이치는
자연의 번민

이른 향기로 귀띔하는
예지의 바람 앞에
삶의 단장이던
정념의 매무새를

태양의 여울목

뜨거워지겠느냐
무더운 이 여름날
목놓아 울고 가리라던
생명의 여운 붙안아
청춘의 야윈 시절을
절망하여라

돌이켜 가뭇없는 사랑의
무딘 불길 걸음걸음이
사윈 체온 안고 가는
혼자만의 동행이어라

묶에 묶인 자취 지우며
돌아서고 있는
삶의 흔적들

잔인하게 식어질
그리움이기 전에
무너질 아픔이기 전에
쉽게 뜨거워질 사랑이며
인연이라 하겠느냐

장마

범람하는 폭우에
힘없이 무너지는 기슭을
주검으로 밀려가는
꽃과 나무들

숨 고를 겨를 없이
대지를 타고 호령하여
우레로 흐르는 줄기마다
예정된 시간을 불러오는
계절의 신열

역류할 수밖에 없었던
거친 물살의 소용돌이 속에서
살아남은 생명들의
봇물 이는 상실

비열한 슬픔과
하구의 역살을 듣는
지루한 우기를
답습으로 겪는 풍경

쓸쓸함의 묵상

무거운 날갯짓
비를 맞는 새 한 마리
창에 기댄 시선에서
멀어져 간다

토사는 개천으로 밀려
죽음의 빛을 토하고
빗소리에 은폐된 목소리
차들의 행렬 깜박이는 다리 위
그 찰나의 순간,

하늘은 어제의 그 하늘인데
새는 가고 없이
꿈인 듯 머물다 깨어난 시간

낯선 시선 앞에
굽이도는 물소리
회색빛 시간에 물드는
이 자리에서
다시금 꿈꾸어야
찾을 수 있는 날개일까

우기(雨期)를 가르며
날아가고 싶은 갈증

민들레 꽃씨

해 바라던 살은
땅에 스미고
텅 빈 억새의 가슴 빌어
한낮에도 울던 소리를

응고된
아픔의 씨를 묻고
백발의 관을 두른 화영(花影)이
바람을 타고 흐른다

갈대

몸 밴
울음으로는
꺾여 쓰러질 수 없이

빛바랜 사연
또 한 비밀 전해 오던
오랜 침묵을

이제는
버릴 수 없는
내 것으로 부여안고

한(恨)의 희열에
전율하는
풍경에서

가을이 오기 전에

풍우에 나부끼는
잎새들의 몸부림 느끼며
가슴으로 이별하는
나무들의 슬픈 예감을

용트림하는
구름과 구름 사이
하늘 깊어 가는데
새벽을 울어가는
매미 소리 처연하다

여름의 끝에 걸터앉은
가련한 죽음의 소리가
가을의 풍요를 빚는다면

가슴으로 보내야 할
우리 빈곤한 아픔은
그리움에 떠오는
시절의 떨림이 아니던가

계절의 포옹

조금씩 가까이
하늘에 다가서는 계절
드높은 창공
너머의 세계가
더불어 쉼을 청하는
손짓들

밀어를 나누기 위한
비움을 위해
이별로 내려놓을
가을을 만날 때

그 뜨거운 포옹 앞에
가난한 마음과
비루한 영혼의
허물을 벗는다

가을 단상

바람에 다듬어진
구름 한 송이
수줍게 열린 하늘의
단장이다

쉬어 갈 난간 없고
의지할 기둥 없이
순풍에 몸 맡긴
저 높은 곳

위태하거나 두려움 없는
눈 먼 길
게으른 한 폭 몸짓에
햇살 밀려가고

퇴색의 절정에 선
갈잎의 놀란 가슴이
질끈 눈물을 참고
떨어지면

꿈으로 빚은
노을빛 편린을 줍는 그대
온몸이 붉다

가을 예찬

화실에는 정겨운
구름 몇 점 걸려 있습니다
화가의 옷깃을 스치고 가는
바람도 걸려 있습니다

메마른 가지 위로
갈 빛 물 적시고 날아가는
새들의 시간도 세워져 있습니다

호숫가에 떨어진 낙엽들의 이야기
벤치에 앉아 기침하는 노인의
빛바랜 사연과 공간이 담긴 상자 속에서
사랑의 합주곡은
하나 둘 음표를 떨어뜨리고

광년의 빛에
스스로 몰락한 화실이 풀어지면
승화하는 예술은 저 홀로
그림이 되고 노래가 되는 천상의 詩

티켓 없이 공연장에 몰래 들어가
가만히 R(Royal)석에 앉아 보는
가을이란 풍요의 관람입니다

가을의 연서

갈바람 이는 강변을 따라
도로를 서성이던 낙엽들이
은빛 일렁임으로 춤을 춥니다

더는 가올 데 없는 몸
차가 지날 때마다 소용돌이에 휘말려
하늘 높이 오르다 무너지는 가슴이기를
지난했던 삶의 길에 치이던
아픔만 같습니다

이 땅의 모든 것을 이루던
생명의 주체는 아니었지만
일부의 흔적마저 지워가는
비명 섞인 풍경 지나며
내 죽음의 일부를 함께 묻었습니다

성숙의 절정에서
비로소 낙하하는 계절의 일생은
빈사의 이별과 그리운 내면을 안고
동면에, 봄을 기다릴 것입니다

다시는 깨어 있지 못할
오늘이라는 낙엽들의 꿈속을 문 두드리면

꽃길 가득 햇살 눈부신 창가에는
고운 바람 구름이 한 점
봄을 안고 춤을 추는
낙원의 노래임을 듣습니다

향(香)

낙엽 타는 냄새가 난다

긁어 모은 가을을
남김없이 태우고 있는
노을 같은 아이가
빈 들에 홀로 서 있다

그림자로 떨어뜨린
환상 주어다
또 한줌 불길에 던지고
환하게 웃는 아이

꿈에서 꿈을 꾸는
기억과 흐름까지
아낌없이 태우고 있다

의식을 밴 계절이
현의 간격을 울리는 도취

슬픔을 듣고 있던
오랜 그 곳에서
오늘을 보는 아이에게
손을 내민다

생명의 서(書)를 쓰는
빙점…

가을을 불지른 아이가
들을 지나고
방안은 온통
낙엽이 불타고 있다

겨울목

풍우에 치이는 갈 빛 언어들
이제와 위태로울 것 없는
마지막 접속에서
운명의 여력과
체중은 하강하고

더딘 추억의 발길
비로소 짐 지고 갈 것 없이
뇌일 이유 없이
비워야 하느니
스스로 모르는 무게조차
비우라 봉한 자리 흔들고 가는
푸른 꿈의 눈물들이여

눈물의 얼굴은
넝쿨을 뻗어 가면으로 쓰고
위장한 회색빛 땅의
주검도 목숨도 아닌 눈빛들을
휘장으로 두른 무도회

피날레 장식하는 영혼에 앞서
먼저 퇴장한 발자국들이
흙이 되고 구름되어

존재의 울림에 귀 기울여 보는
그 아닌 것들의
스스로 눈먼 소리들

구름

오랜 세월 기다려온
백룡의 승천인가
하늘 향해 우뚝 솟은
등 굽은 구름

파스텔 빛 파란 하늘
휘저어 놓고
돌아보며 씨익
웃는다

그림일기

'꽃제비' · I

허기진 가슴 온기 없이
목마른 입술로는
부르지 못할 어머니
어머니 얼굴은 날 찾지 못해
돌아가는 하얀 길섶을
목메어 울어요

마른 비 내리던 꿈속에
젖어오는 어머니 눈물 한 자락을
나의 옷소매로 훔치고
흐려지는 목숨으로 부여안아
그리운 이름 부르다
내가 울어요

이 땅에 흘리는 마지막 눈물처럼
새벽 이슬은 식은 몸에서 타고
발끝을 갉는 들쥐들의 온기 맡으며
한 번 더 내가 나를 안아보는
달빛 노을 꿈으로
아득한 길을 걸어요

하늘이 흐르는 달밤을 업고
그림자로 멀어지는 내 영혼의 메아리

이제는 느낄 수 없는 이별이 되어
강변을 따라 바람으로 흐르니
하얀 길섶의 어머니를 만나요

*시작노트 : 선술집에 들러 공복에 술을 마시고 따뜻한 미역국을 마셨다. 눈물 가득 찬 가슴 속에서 아사자(餓死者) '꽃제비'가 하얗게 웃고 있었다. 옥수수 밭에서 굶어죽은 북녘 땅 '꽃제비'의 차디찬 영전 앞에 슬픔으로 더워지는 가슴을 두고 나오면서.

'꽃제비' · Ⅱ

옥수수 밭
그대 영전에
술로 데운
이 가슴도
시든 꽃으로
흩어지고

다정했던
새벽 별 하나
그대로부터
멀어지는
굶주림의 끝은

아득했던
아버지 얼굴
어머니 얼굴
식은 눈물로 만나

차디찬
겨울을 낳은
아사자의

영혼을 업고
옥수수를 따고 있는
일그러진 눈밭의 소리
그 소리를

*시작노트 : 빈사의 몸으로 척박한 땅 배회하며 강아지풀로 연명하던 아가여. 옥수수 열리기를 그렇게 기다렸던 아가는 이미 가고 없고, 나는 너의 영혼을 업고 눈 내리는 이 겨울에도 옥수수를 따고 있는데… 그렇게 먹고 싶었던 옥수수 먹고 잠이 들어야지. 아가여, 너는 단 하루도 그렇게 하얗게 웃지를 못해 내 영혼 구슬피 울어 옥수수를 따야만 하고.

하루살이

하릴없이
주어진 허공만을 떠도는 운명
하찮게 숨쉬는 목숨이 살아
온종일 꿈꿀 일 없이
희망 없이 산다는 게
못내 서러워 죽고만 싶어요

얘야, 하루만 참으렴
오늘 하루만 참으면
너의 모든 슬픔과 절망이
아득하게 잊혀지는
꿈을 꾸게 될거야

보고 싶어요, 보고 싶어요, 어머니

얘야… 사랑한다
사랑한다 얘야

*시작노트 : 하루살이 수컷은 짝짓기 후 죽고, 암컷은 알을 낳고 죽는다. 결국 알에서 부화한 하루살이가 어미에 대한 그리움을 노래할 수는 없을 것이다. 정체성이 없기 때문이다. 시에서의 대화는 삶의 내면과 독백을 하루살이로서 의인화한 것이고 시한적 생에 관한 허무를 형상화한 것이다. 스스로를 위한 내면의 자위이며 결박에서 끝없이 인내해야 할 인생이라는 슬픈 여운의 심로였다. 아울러 보다 가치 있는 삶을 살아가야 할, 관념을 일깨우기 위한 자각이기도 하며 신앙적인 해석으로 접근할 수 있다.

경매장 가는 길

험난한
구제역의 미로를 빠져나온
소들이 상경했다

화물차에 오르던
들뜬 기분은 잠시

도시의 바람 가르는
힘없는 눈동자 속에는
매몰된 벗들의 그림자

아우성치는
스스로의 절규가
마지막 가는
길임을 안다

뒤틀렸던 심기나
애원 따위 부질없이

죽자고 가는 소가
삶의 미로를 떠도는
한 영혼의
그늘을 본다

꿈꾸는 바다 · I

화물차에 가득 실린 게 상자를
모래톱에 내려놓는 이곳은 동해바다
상품으로 포장된 상자를 뜯어내자
언감생심(焉敢生心),
웃는 게들이 바다로 돌아들 간다

'돌아올 수 있어서 참 다행이야.'
꿈인지 모를 멍한 눈알 굴리며
저들끼리 부딪히고 넘어져도 고향은 따뜻하다

부스스 잠깨어 일어나 부엌으로 간다
솥을 들여다보니 게들이 다시 돌아와 있었다
대가리 없는 동태는 발가벗은 채, 반쯤 잠겨 있고
옷고름 풀어헤쳐 젖가슴 드러낸 조개들이
서러이 울고 울다 잠들었는데
죽어서도 모두를 감싸고 있던 게의 붉은 등껍질은
온몸으로 열기를 빨아들인 고통이며 사랑이다

역겨운 향과 열기,
비명 섞인 혼탁한 기류 느끼며
생애 처음 겪었을 고통을 감지한다
죽음으로 가는 상기된 얼굴의 핏발을 본다
흐려지는 의식 속에 꿈꾸고 있던 바다를 본다

그 꿈에서 만나고 있는 가족과 친구를 본다

한맺힌 눈을 피해 껍질을 까고 살을 취하는
내 목에도 줄이 하나 묶여 있다
제길… 목이 메인다
먹고 살아가기 힘든 나를 부르는 이 소리는
아마도 저 바다쯤이 아닐까
고향이 그리운 망각의 바다엔
덩그러니 내가 홀로 서 있다

꿈꾸는 바다 · Ⅱ

숱한 시선 어지럽고
인파의 거대 어둠 속에
죽어 어지러운 말들이 귀에 아픈
덕풍 오일장(五日場)

길게 늘어선 좌판 지나다
무심코 게를 파는 청년 앞에 선다
다시 만나도 얼굴은 낯설지만

누군가 뒤통수 후려치고 혼절하여
도매급으로 실어온 물 좋던 게
차떼기 채 도난당한… 그때 그 놈이

단 한 번, 만난 적 없지만
청년도 그렇게 적개심은 없지만
차를 몰고 동해바다 줄행랑치던
그때 그 놈이 나라고 고백하고 있다

귀인의 밥상에 오를
물 좋은 게의 목숨을 담보로
청년의 계산과 입술이 바쁘고
보시를 위한 제물처럼 놓인 게들의
부질없는 생각들이 바쁘다

다소간의 침묵을 깨고
게들의 운명을 저울질하듯
뚫어지게 청년의 얼굴을 바라보다 묻는다
용기 내어 얼마냐고 묻는다
박스채로 차떼기로 다 사면 얼마냐고 묻는다

고향이 그리운 게들의 눈을 비껴선 채
절절한 가슴으로 저울질하듯
마음으로만 묻고 또 묻다 돌아서는 길

한심하기 짝이 없는 거래를 들었는지
집게발이 머리채에 뒷덜미를 문다

그 용기 없음이 부질없음이
사랑처럼 아픈 너의 바다에
덩그러니 나 홀로 서 있다

꿈꿀 수 없는 반란 · I

–멸치들의 멈춰진 시간

푸른 바다 마시며
바다가 된 생을 생각한다

좌우로 뒤틀린
마지막 몸짓들 속에
죽은 바다의 여운이
멈춘 시간을 안고 있는,

삶의 절정에 선 몸짓과
무용지물로 몰락한 감각들까지
강인한 턱을 가동하여
미라처럼 꿈꾸는
그들만의 문명을
남김없이 이로 부수는 나

지배당하고 있는 죽음엔
특별한 맛이 난다
바다처럼 짠 눈물이
씁쓰름한

꿈꿀 수 없는 반란 · Ⅱ
-고독

잘 익은
무 한 입 베어 물어도
이유 없는 내 살 아프지만
식은 밥알도 뱃속에서는
삶의 작용을 한다

불 꺼진 식탁 머리에
식은 반찬들
서로를 가늠하는 대화와 논쟁이
봇물 이는 오후

배수로를 두드리는 빗물의 하강엔
저마다의 고개를 힘없이 떨어뜨리는
절망의 속도가 빨라지고

빗물인지 눈물인지
웃는 소린지 우는 소린지 모를
형상화된 기억과
파생 이전의 언어가
굉음으로 응고한다

오물거리는
구(口)속과 구속(拘俗)의

오물거리는
구(口)속과 구속(拘俗)의
먹고 먹히는 삶과 죽음 서러워

세월의 노리개로 살아가는 여기는
구속의 어디쯤이며
어느 곳에서 떨어질
포말이란 말인가

구제역 그리고 봄

잠들면
영원히 깨어날 수 없는
이 땅의 생명

그 끝을 예감하던
어지러운 눈빛들이
못 다한 울음 삼키고
까맣게 잠들어 있는 고향

기릴 뜻
세워질 비석도 아닌
오랜 불면처럼
몸살 앓는 이 땅에

초록빛 생명을 두드리는
애수의 향기

희비가 교차하는
잠들지 못할
내면을 끌어안고
홀로 지새우는
봄밤의 편지를 읽으며

어떤 성찰

힘과 기능의
마지막을 다해
하늘 가로지르는
무한질주의 제트기

멍한 시선 따라가다
문득
흐려지는 스모그의
처음을 찾는다

울고 웃는 생의 꿈
망각해온 이면의
존재를 찾아
서둘러 돌아보는
아득한 두려움

멀어지는 굉음의 소멸이
저마다의 가슴에
이름 새기지 못한
회한의 비석을 세우고 간다

도둑고양이

일찌감치 잠 설친
새벽 출근길
간밤을 울던
고양이를 만났다

호주머니에 숨긴 것
등지고 가는 무엇 없음에도
놀란 눈은
온갖 죄목을 뒤집어쓴 범죄자
질주의 선을 긋는다

서슬 퍼런 울음으로
새벽을 가르던 무법자
훔친 것이라고는
내다버린 쓰레기 틈새로 흐르는
쉰 바람뿐

뼈와 살을 훔치고
꿈을 거래하러 나아가는
늠름한 나의 두 어깨엔
이렇듯 당당한 패기를 짊어진 채

더 이상 놀랄 일 없는
삶의 바람 가르며 가는데

방화

배우들의 젊은 초상이
빛바랜 영사기 속에서
그리움의 하혈을 한다

촌스러운 화장과
틀에 박힌 말씨가
흑백으로 읊조리는
추억의 독백이다

의식의 끈을 풀어
펼쳐보는 꿈의 목차
7080 음악회가 열렸으니
가요무대로 가는 것은
시간 문제

반추의 거듭이던 시절마저
화면에 형상화되어 가는
낡음이라는
뼈아픈 주제

이구동성

손톱을 깎다 베었는지
모를 상처가 곪아
닿지 않아도 욱신거리는
통증으로 오면

흥분이 고조되는
서러움의 절정
한숨으로 꺾어 보는
아픔이란 것인데

무심한 세월아
어떻게 살아 견디었는지
눈물짓듯
조심스럽게 꺼내어 보는
첫사랑

3

안개 속의 문

야화(夜花) / 드뷔시의 '달빛' / 안개 · Ⅰ / 안개 · Ⅱ
침묵 · Ⅰ / 침묵 · Ⅱ / 기억과 망각의 틈 / 상흔
새벽 / 안개 속에 가려진 밀어 / 피카소 / 상상(相想)
길 잃은 새 / 잠들지 않는 눈 / 각본 / 틈 / 혈(血) / 그림자
지워진 망막 / '벤자민 버튼'의 시간 · Ⅰ / '벤자민 버튼'의 시간 · Ⅱ
다락방 / 끝과 영원 / 조각배

야화(夜花)

안개 속으로
꽃은 가만히
가슴으로 흔들려

화려했던 시절의
외곽에서
한 폭 그림으로
멈추어 선 길

꽃은 피어 있어
송두리째
영혼 두고 오지만

비바람에 꺾일 듯
아무도 모르게
모르는 곳에 피어
흔들리는

벼랑으로 피어 있는
내 마음의 꽃

드뷔시의 '달빛'

그날의 환상은
아픈 여운으로 흐르는
깊은 어둠의 전주곡

돌아갈 수 없는 시절과
내일이 만나 끝없이 부서지는
꿈의 포말들

온기 없는 포옹으로는
느낄 수 없었던
오랜 그리움의 고해(苦海)

이우는 메아리 속에
없음으로 돌아가는
밤의 물결들이여

안개 · I

들려오는
귀엣말 따라
떠나 왔음을

더는 흐를 데 없는
어둠 속에
아니라 말 못해
길 잃어 돌아보면

짙은 안개
머무는 자리에는
더는 밀고 갈
여력 없는
바람의 의미
가슴에 쓸어 담고 있다

안개 · Ⅱ

더 이상의
투영을 불허한
안개 속의 길
가려진 빛을 찾는다

의미는
꿈꾸어야 사는 이상과
생을 담보로 한
회귀의 본능

산 너머
강을 건너
바람으로 구름으로
떠내려간 자리에는

더는
알고 갈 여력 없는
한 자락의 허상
가슴으로 안고 있다

침묵 · I

어제처럼
하늘은 거기 있고
건반으로 늘어선
회색 도시의
풍경이 소란한데

차바퀴에 치이는
어지러운 시선과
몽환을 밀고 있는
등뒤의 계절

세월의 무게로 내려앉은
검은 전선의 울림조차
매를 들어
의식을 깨우는
거리의 스승인데

상처의 잔해를 밟으며
자각의 촉수를 세워
산보하는 가로수 길을

소리 없이
발맞추고 있는 추억

침묵 · Ⅱ

가슴으로 귀 기울여
잊음부터가 시작인
고요를 따라간다

마지막을 넘어선
모색의 밑어들이
흐름이기 위한
동음이의어를 쏟아내며

분분한 존재들의
소통을 향한
움직임들이 분주한데

끝내
어디선가 소멸하고
음과 뜻에 묶인 이름들이
바위로 우뚝 서 있는
반복이며 답습이다

기억과 망각의 틈

가다듬어지지 않는
황무지 같은 속내를

전율로 오는 자각
몸서리치는 감각들이
귀에 아프고

사랑과 미움은
순수의 자리로부터
널을 뛰며
공존하는 것인데

일몰에 물든
스스로 아픈 모짐조차
잊혀지기를

날숨을 잊어버린
점 하나에
시선이 고이면
잠시라도 나는
온전한 망각에 있다

상흔

절실한 구속을 찾는 문과
헤어나야 할 길을 찾는 문이 있다
지시등 없이 멈춰진 신호 앞에 서면
오랜 쉼표에 넋이 안긴 여백을
하염없이 걷던 그림자

아픈
빛 한줌의 노래를 찾아
하늘 길 여는
이 바람의 끝에서
꿈속에 떨어지는
무수한 밤 별들을 안는다

새벽

알 수 없는 꿈꾸는 사이
모르게 절규하였을 어느 곳엔가
청춘의 꽃이 지고
밤새워 앓던 예감이며
오뇌에 찬 의식들이 눈 떠 기지개 하는
새벽을 살라 동터 오르면

진부와 타락의 근원을 도모한 축제의 밤
밤 도깨비들의 푸른 등이 넘실거리는 공원이며
이 땅의 마른 숨소리들이
저들만의 귀로를 속삭이는데

비명 섞인 운명을 거두어 가는 어둠의 기운
스스로 허공에 분신하는 마지막 흔적들의 고함은
사랑의 약속이며 그리움조차 잊어 돌아간
정체 모를 형상들의 침범이며 점거였던
그 아닌 존재의 허상이여

초원을 바라보는 흐름이거나
기암절벽 선사(先史)의 통로이거나
앞서 있는 자
돌이킬 수 없이
돌아올 수 없는 곳으로 이끌고 가는

환영의 꽃을 피우는 시간

또 다른 시공 앞에
살아있음의 꿈을 읽으며
눈물 밴 웃음이 승화하는
낡은 여명의 문을 연다

안개 속에 가려진 밀어

처음을
알 수 없다던
언어들의 행방이
안개 속으로 사라져 가는
모색의 시간

가도 가도 낯설어
실감할 수 없는 향기
지천으로 늘어놓고

여울이던 꿈을
하얗게 범람하고야마는
추억들의 온기가
시린 가슴 매만지며
퇴색의 늪을 넘는다

피카소

1. 밤하늘 가르는
   어지러운 전선들
   취(醉)해 흔들리는
   도심의 어디쯤인가
   혼미한 사내의
   어깨가 무너져도
   잠들지 않는 열정이
   끓는 잔 속에
   풀리고 있는
   화실

2. 발자국은
   추억에 갇혀
   울고 있고
   홀로 꿈꾸고 있는
   화폭에는
   눈에 아픈 영혼의
   별 하나
   쓰러져 오는데
   불타오르는
   화실 속에서
   하얗게 웃고 있는
   삶과 죽음의
   눈

상상(相想)

푸른 날갯짓 잊은 너는
무지를 핑계삼아
알고도 말이 없는
빈사의 새

조롱하여 비웃던지 의연하거나
심이 깊은 허허로움
구속 중의 자유인데

창살에 묶인 관념 속에서
등뒤로 선 상흔의
건달바성(乾達婆城)*
지켜보는 너는

망각이던 나의 거울이 되어
갇힌 세월의 흔적을 묻고
보고도 못본 척
우짖지 아니하는

모정을 잊은 빈곤의 새
알고도 모르는 망각의 새

* 실체는 없이 공중에 나타나는 성곽. 건달바가 만든 성이라는 뜻. 신기루를 비유적으로 이르는 말이며 실체 없는 허상을 뜻한다.

길 잃은 새

소멸을 우짖는
작은 새 한 마리

숲인가
하늘인가
비탄으로
깨어 있는 아침

계절은 없고
가고 없는 부름과
소절들에
살아있음을

스스럼없이
딛고 일어서는
의지인가

울어 찾지 못할
무덤인가

잠들지 않는 눈

푸르게 멍든
거대한 새벽의 등이
적막을 딛고 피어 오르는
미명(微明)

빛과 어둠
저마다의 의식들이
서로에게서
몸을 가르며 교차하던
오뇌의 지난 밤

잠들지 않는
이 땅의 생명들이
깨어 있지 못한 삶을 힐책하는
묵언의 눈빛 속에

부정하여
부정할 수 없는 내면을 안고
소용돌이치는
바람의 소리를

각본

외도하지 못할
피의 흐름이
치환될 수 없는 운명의
약속이라면

주고 아픈 상처는
스스로를 미워한 굴레에서
치환된
한의 매듭

정체에 관한
저마다의 날개들이
거역치 못할 이끌림을 따라가던
뭇 예감들

끝이라 말할 수 있는
무엇도 없이
시작을 탓하기엔
너무 멀리 와 있는 꿈

틈

거꾸러진 성냥갑 속에 분열된
연소물들의 질서 없는 시선처럼
어지럽고 형태가 모호한 사물들이
분명한 형상을 입고
모로 누운 시각에 걸터앉았다

사물의 선과 각을 빌어
홀연히 떠오는 그것은
죽음으로 일관한
뒤엉킨 시공의 벽 속에서
가만히 문 두드리다 돌아가는
영혼의 절규였음을

은폐된 진공을 끊는 소리가
유리벽 속에서
하얗게 부서지고 있다

혈(血)

말의 속죄
행실의 원죄를
속단의 힐책과
별리의 고통을
후회의 번민
고백해야 할
피 깊은 울음은

맺지 못한
오랜 이들의 사랑이
혼돈의 시절과
역사 앞에
한(恨)이었을 피를 타고
꽃상여로 밀려온
까닭인 것을

그림자

나무 한 그루
풀 한 포기 없는
외길 따라 오는
여인의 눈빛에
서린 한(恨)

나를 초대한
지난밤 꿈 기억하는지
오랜 시간
지나쳐 왔음에
아직
돌아보고 있음을

지워진 망막

가만히 창을 열면
어둠에 흐르는
한량한 목소리

이제는 가뭇없는
형상들 속에서
창을 닫고
안경을 접어 놓으면

저무는 목숨에 사는
의식의
평안이어라

'벤자민 버튼'의 시간 · I

1974년
예정된 출생이었지만
가늠하기조차 먼
이전을 살았다

무덤에 잠든 육신을 떠나
별의 무수한 의식을 만나고
같은 얼굴과 이름
말의 반복과 인연
처음과 끝을 예감하는
돌아오는 바람과 돌아가는 바람
그 바람의 끝에서
오늘도 꽃은 피고 진다

신록이 잠드는 노을빛
버릇처럼 반복하는 내안의 삶과 죽음이여
돌아보기를, 아쉬워하기를
얼마나 오랜 시간
점 하나로 세운 이면을 붙안아야 했던가

흘러 흐르리라는 이대로의 흐름과
역류하는 물살의 깊음 속에서
하늘은 덧없이 푸르고
몸 닿는 바람이
홀로 애처로워라

'벤자민 버튼'의 시간 · Ⅱ

모태에서 느껴보던 작은 울림
소스라치게 놀라고 잠들며 웃던
아미에 얹힌 우주의 힘을 느낀다

휘도는 계절의 풍랑을 넘어
혼돈의 역사는
숨 쉬던 그 이전에
이미 다 지난 일
눈 떠 바라보는 세상 속에서
미리 다 이룬 일

다시금 태고에, 근원에
잠들고 싶은 앙망
살아있음의 꿈에서 깨어
꼭 맞는 자유의 날개를
달고 싶은 소망

모태에 잠든 의식을 스치던
빛과 소리들
언약이던 우주의 섭리 기억하듯
박자에 어우러져 춤출 수 있고
미소할 수 있는 내 이전의 꿈
그 이전의 것들

다락방

필요 불충분의
요소였던 것

눅눅한 침묵과
잠든 어둠의 숨결로
초 하나 밝혀 오르던
꿈의 별천지

날짜를 잊어버린
신문지 위에
먼지되어 불어오는 지금은
삶의 기억 어디쯤인가

깨어진 창문과
몸살 앓던 계단
불면의 시간을 부르며
홀로 타고 있는 촛불이여
잃어버린 별을 찾는다

끝과 영원

사랑과 믿음의 축복이 영원이라면
죄 값의 오랜 절망과 구속이 영원이라면
선택하지 못할 끝과 영원이란 그대에게
신에 관한 은총인가 번민인가

조각배

순리를 거스르거나
시간을 되돌리려는 뜻 아니어요

망향을 꿈꾸는 새들의 노래 있어
흐르고 흘러 바다로 올 수 있겠지요
그토록 넓은 바다가 되겠지요

검푸른 영혼에 배를 띄워
아득한 시절을 따라 외로이 오르는 길에
마지막 섬 하나를 찾아
계절의 향방으로 나부끼는 그림자

추억으로 가는 적막한 항해는
흐름의 끝에서
새로운 시작이 되기 위한
천 길 역정에 문이 되겠지요

4

희연 · II

기억의 굴레 / 착각 / 출근길 / 여름나무 / 친구의 여인
소나기 / 꽃씨 날리는 오후 / 회상 / 계절의 그림자 / 이명(耳鳴)
거짓말 / 경계 / 잿빛 겨울 / 바보 선언
마지막 사랑 / 겨울나무 · II / 오랜 환상 / 희나리

기억의 굴레

코끝으로 스며오는
향기에 돌아보면
깨어난 의식들이
풍경되어 머무는 봄

머무를 수 없었던
계절의 어디쯤에서
흑백 구두를 신고
흑백 화장이 서늘한
회색빛 바람에서 누구인가

광야의 먼지처럼
비성을 지르며 돌아선
추억의 향기

간절한 그리움과
체념의 사슬에 묶인 심장쯤이야
모르는 체 돌아서고
돌아서 보지만

차라리 그 향기에 풍화된
복종인 것을

착각

소복이 단정한 걸음
얼핏 돌아보는 얼굴이
그대만 같아
나도 모르게 모르는 길을
따라갑니다

여울지는 눈물의 거리
그대가 둘이 되고
셋도 되었다 흐려지는
시선 걸음마다
흔들리는 꿈들이
불빛에 범람하면

아니라고 아닐 것이라고
멈추어 선 자리엔
긴 경적이 울리고
잠시 혼자라는 사실을 잊은
그림자만 덩그러니
쓸쓸하게 살아있음을 지켜봅니다

출근길

엘리베이터 앞에 서니
아차! 붉은 화살표가
지하 2층까지 떨어진다

부질없이 돌아보는 비상구
복도에 불이 꺼지고
잠시라도 그리운 얼굴
안타까운 사연이
하나의 그림자로 스쳐가면

세월이 낯선 사내의
가슴으로 타오르는 이별은
아득히 멀기만 한데

비로소 오르고 오르다
꼭대기 층에서 다시 내려온
엘리베이터가 8층에 서고
서러운 빛을 토해내는 문

그 안에
한 여인이 울고 있었다

그녀를 잡을 수 없었던

마지막 눈물의 환상은
스스로 문이 닫히고
시간의 화살표는 한 번 더
나락으로 가는데

여름나무

삼복더위 물러설
아량 없는 땡볕을
흠뻑 젖어 흘러가는 길
하릴없는 일상 아닌데
백수인 양 발걸음 무겁고
장미 없는 울타리 서럽다

땀으로 엉겨 붙는 옷가지
미친 듯 쏟아낸 웃음은
어디서 왔는지 모르게 흩어지고
그늘 없는 벤치에 앉아
맥 빠진 어깨를 하면

가을이 눈뜨고 있는 소리
겨울의 풍경을 지나 봄이 오는 향기
깊음으로 푸르른 여름의 배경에
다시 처음으로 서 있는
미동의 그림자

머무르는 것
흘러가는 것 아닌 채
주목하는 눈빛들 속에
다시 웃음이 있어
어느덧 맺힌 눈물이 있어

감싸보는 내 볼 스치는
두 손에 비워진 그 얼굴
차마 그리운 얼굴 비워진
더운 가슴에 끓는 이 여름을
고통받는 죄인되어
온몸으로 다가서는 것이려니

그대는 오늘이 새롭고
추억은 노인처럼 무겁다

친구의 여인

어느 모임
소개하던 친구의 애인이
그리웠던 그대 얼굴

철없는 여인인가
살가운 미소와 애교가
만인의 연인인데

꾸밈없는
그대로의 그대를
이해하는 믿음만이
참된 사랑이었음을

탓하고 나무라는
친구의 의식을 등진 채
쓰린 가슴에서 엎어지는
독백의 술잔들

소나기

비 내리는 창밖으로
건네어 보는 손

허공은
그대로의 허공일 뿐

손끝에서 지워지고 있는
작은 온기로는

그리움의 작은 온기로
채울 수 없음이여

젖어오는 이 한 몸
사랑한 가슴의 깊음인데

그마저 채울 수 없이
흐르는 빗물인 것을

꽃씨 날리는 오후

눈물의 꽃씨를 달고
목멘 소리 들려오는
이 길의 끝에서

가슴으로 울어 오는
숱한 그대 얼굴들이여

눈에 아픈
우수의 햇발을 타고
애증으로 단장한
몸짓인가

길 열고 가던
소실된 바람의 언저리에
숨진 채 주저앉은
그대 영혼의 목소린가

홀로 메아리치는
몸 덴 그리움아
그리운 사랑아

회상

달의 여울에
울어 젖은 들꽃의
소녀야

잎새는
바람에 지고
사랑의 먼 기억
가지 끝에
잠들었는데

애상을
문 두드리는
지워간 시절
뜨거운
우리 가슴이 없고

사랑의 약속에
홀로 묶인 세월만
가슴 울려오는
아득한 달빛의
노래들이여

계절의 그림자

죽은
가을의 배경되어
바람으로 오시는 이여

오랜 진실과
참회의 눈물은
그대 들리지 않고

오직 내게로 향함이던
눈물의 끝을 부여안고
돌아서는 계절은

소리 없는 세월에
발맞추는
그대 풍경이 되리

이명(耳鳴)

아미에 울어가는
갈 빛 상념의 비야
떨림으로 쓰고 간
타구(他區)의
비명을

듣는가, 사랑아
희열에 타는
열정이 아니면 아니 될
이 험한 장벽 앞에
숱한 메아리로 돌아가는
저 문밖의 소리를

빈사에 젖은
그대 상처의 깊이만큼
모진 이유로 살아있는
기억의 습작들

거짓말

운명의 시간으로
먹을 간 생애의 여백
차마 붓 없이는
쓰지 못하고 갈
일기라 하자

가두어진 문과
내가 가둔 문 앞에
길 잃은 세월 떠돌다
홀연히 버려진
상흔의 궤적

우리에게서 버려진
추억의 잔해 속에서
하염없이 불러보는
그대라는 이름과
그대라는 이름의

경계

겨울보다 찬바람
가슴으로 먼저 오는지
두 눈 꼭 감은 채
잊어가는 것이라고

마지막 잎새 흔들리는
가지 끝
사랑의 경계에서

숨죽인 외로움보다
낯고 무거운 것은
인연으로 닿지 못할
저 먼 하늘인 것을

잿빛 겨울

그리움으로 쓴
회색빛 편지를
식은 겨울에 묻습니다

눈이 내리면
늘 그랬듯이
해묵은 그리움도 어김없이
이 자리에 와 있습니다

추억으로 새긴 우표는
향방을 잃어 바람 따라가고
중량을 이기지 못한 기억들도
낙엽으로 뒹굴다
사라져 버렸습니다

부치지 못한 사랑이
계절에 쌓여
눈꽃으로 피었다 지는
햇살 아지랑이 속에
눈이 아프고

그대 서 있는 겨울을
끌어안은 자리엔

온기마저 지워진
청춘의 슬픈 궤적이 남아

사무치는 외로움에
그대를 태우고
또 한 해를 살았습니다

바보 선언

"한 번만 널 안아보고 싶어."
다시 만날 수 있다면
꼭 한 번 너의 살아있음을 느끼며
울고 싶어
"그때 왜 날 잡지 않았어?"
그녀가 묻는다면
말 잇지 못하겠지만
"나를 사랑하지 않았던 거야?"
그녀는 다시 묻겠지만

한(恨)에 너를 묻고
한순간 잊지 못할
내 안에 한이 될 너를
영원히 기억하고 싶었다고

말할 수 없었지만
벼랑 끝까지 무너지고 싶었던
스스로를 사랑하지 못한 시절에

너를 만난
나를 지금도
용서할 수 없는
단 하나의 기억이라고

단 하나의 사랑이었다고
말하고 있는 내가 바보
멍 뚫고 가오는 계절 속에
숨쉴 수 없는
내가 바보

마지막 사랑

숨쉴 수 없는
이 외로움이
너를 잊었다는
말이기도 한가보다

덩그러니
빈 방에 걸려 있는
낡은 사랑

무던히 견디었거나
흔들렸던 그리움에서조차
떠났다는 말이기도 한가보다

뾰로통히 심술 돋은 입술과
두 눈에 그렁거리던
설움의 눈물에서조차
이제는
아프지 않다는
말이기도 한가보다

그날의 너를
막아서지 못했던 내게서
더 이상은 미안한 마음조차

지웠다는 말이기도 한가보다

너를 마지막으로
사랑은
잊었다는 말이기도 한가보다

겨울나무 · Ⅱ

밤새워 쓰고 지웠던
독백의 편지들은
차마 쓰지도 버리지 못해
가슴의 빈 여백을 뒹굴고

들려주고 싶었던
마음의 노래들이
스스로 잃어버린 세월 앞에
목메어 우는데

겨울의 야윈 몸부림을
여운으로 새긴
갈 빛 사랑아

속삭이던 나의 이름과
그 아닌 세월의 흔적을
흔들어 오는 그대

이대로는 닿을 수 없이
한 번 더 불러보는
그대가 그립다

오랜 환상

작은 뜰 안에서
한밤의 이슬조차
행복이라 여기며
여념 없는 소꿉놀이에
종종걸음 하던 아이야

뒤란 황무지에는
너 모르는 세상이 있어
밤 별 스러지는
눈물의 비밀이 있어

가슴으로 짐진 수고
행여 잠깨어 나를 찾아
돌아보지 말지니

오랜 너의 행복을
침묵에서 죽기까지
지켜 주고 싶었어라

희나리

지쳐 있던 의식이거나
몽환의 안식에서
미소띤 얼굴로
다가오는 그대

불멸의 향을 품은 영혼에
조우하던 오랜 밀어를

시간의 올무를 꺾어
꿈의 정원 가꿀 수 있는
아직까지는 서로가
다가설 수 있는 거리

서로에 관한 무한에
잠들기 전

그리움의
대해를 건너
욕망이 울부짖는
세월의 암벽을 넘어
백발의
섬 하나에 이를 때 즈음,

꼭 한 번 그대를
만나고 싶다는
내 하나의 소원을

5

바람의 길목

심연(深淵)

때때로
알 수 없는 낯선 땅에 선다
진부이거나 희망조차 아닌 걸음
처음으로 태어난 가슴과
두 눈에 잠긴 미동과
울림에 있다

걸어도 걷는 길이 없고
미혹과 마력
진실조차 불분명한
정의하지 못할 내면과
모순에 관한 단념이거나
힐책도 아닌 불모의 걸음

돌아갈 길 없이
환상과 사념이 뒹구는
점 하나의 끝에서
서로 다른 관념으로 조우하는
낯선 시공의 발 앞에 선다

별리(別離)

나뭇가지 사이로
길을 찾는
바람의 몸을 본다

결과 결의 횡보
서툰 부피에 밀려
숨 가쁜 체중 떨어뜨리는
갈 빛 목숨들

자연의 섭리 따라
승화하는 운명의 향기는
단풍의 절정에서 활강하는
생의 마감은

번민도
의지도 아닌
바람의 굴곡을 배회하고

빛바랜 녹음(綠陰)
숨죽인 땅을 매듭으로 닿아
없음으로 돌아가는
끝없는 내 안의 이별이여

가을에

노을빛 물든 하늘
봉긋이 피어 오른 산언덕 헤이면
빛에 젖어 살다 살아가다
모르게 빛이 되는 순간을

낙엽 줍는 여인의
비취빛 눈망울 속에
호젓한 구름 깃에 배어 있는
이 가을의 여망

불붙는 새들이 불시착했던
후미진 꽃길 정원에는
한해살이 숙명의 풀꽃
고이 시들었는데

체념마저 지우고 가는
우듬지의 바람과
의지 없는 그리움이
시름으로 쌓이는
쓸쓸한 풍경의 관람

세월의 여울목에
두 손 모아 앉았다가
그대로 세월 되어 빚어질

성숙의 향기는
이산 저산 오롯이 잠드는
노을빛이 되리니
노을빛이 되리니

낙엽

바람 지나는 곳이면
닿는 데까지
가보는 것이다

눈 먼 고통쯤은
모두가 겪는 슬픔이라 여기며

더는 뜨거울 것 없이
한번쯤 꿈꾸어 왔던
저 반란

향방 없는
마른 몸 찢기고
비 젖는 하구에 쌓여
밤을 헤이면

삶과 죽음의
오랜 구속으로부터
자유의 일부이기까지

눈 먼 고통쯤은
모두가 겪는 슬픔이라 여기며

소망의 넋

겨울의 풍광을 등지고
능욕의 비를 더하는 암담한 생의 물결 속에서
한 자락 불길 차오르는 가파른 심장의 고동마저
용트림하는 시간 속에서 돌이 되는가

신비를 열지 못한 심경 억겁을 살아
산과 바위, 그 체념 새긴 고독에
구름으로 살 여망은 남겼으리

비장한 열정이 살아
품어 못갈 꿈 쓰러져도
가난한 성벽 허무는 바람으로 그대 오시어
진부의 나락에서 자유하게 하소서

여기 까닭을 몰라
가슴으로 울어야 소리나는
미덥지 못한 삶에
일몰의 향기 될지라도

한 자락 불길 차오르는
가파른 심장의 고동 소리
벅찬 소망의 행로를 열어
하루만이라도 온전한 목숨이 살아
푸른 꿈이 열리는 종을 울리게 하소서

말없이 흐르는 강

가시적 존재감에
돌아서 있을 뿐

내면으로 안고 흘러가는
생명 있음이여
깊이를 알고
무게를 아나니

죽음으로
가져가지 못할
비밀 던진
그대 기억의 사유

아픔의 무게를 더한
망각의 깊음 속으로
홀로 짐지고 가는 길

모든 사랑과 이별이
내면에 자는
침묵이여
흐름인 것을

자화상

분열하는 이상이
우주의 무한한 의식을 만나
별이 되는 희열을

각기 다른 중량과 밀도로
간격을 논하며
또 다른 분열을 꾀하는 이치를

빛은 영원한 빛으로
어둠은 불변의 어둠으로
광년의 세월을 자존하는
힘의 근원에

답을 구하는 논리가 아닌
있는 그대로의
논리가 되는 것이라면

빛의 별이여
어둠에도
별은 있으리

낮잠

어스름
행간에 보는
오후 여섯 시

깜박 눈 감은 세 시간
잠을 잤는지
눈만 감은 생각이었는지
시간을 잃어버린 채
어지러운 여운

날숨 끝에 눈 감는다면
정신은 어디까지 살아 닿을까 만은
낯선 영혼들의 자취를 따라
쉼 없는 걸음 걷는다 해도
알아도 깨어도
고작 세 시간이었으면

이렇듯 살아간다는
쉽고 어려웠음이
그 안에서의
모든 세계였으면

눈 뜨고도
잠든 의식 속에
살아가야 하는
낯선 번민

나의 시론(詩論)

거친 물살을 타고
소용돌이에 휘말리는 아이가
요람에 있다

운명을 거꾸로 되돌린
벤자민 버튼의 의식이 있고
빈센트 반 고흐의 절망과 고독이
섬광으로 오는 풍랑에
조난을 조명한다

육신의 무게에 매달려서는
다가설 수 없는 거리
꿈에서도 빗발치는 외로운 의식을
한 아름의 파도가 안는다

여기서 시간을
되돌릴 수 없는 몸

목숨을 줄여
구원자가 되기 위한 발걸음을
십자가로 지고 가야 하는
예술의 서(書)

스스로를 구하는
단 하나의 끈을 쥔다

한 길

옛 구름과
새들이 합장된
그대로의 산이 된 길을

지나가라
거침없이 밟고 가야 하리니
외로 가신 길 뿌리내림이
천상을 벗하였음이라

한을 넘는 산 마디
세월을 입에 물고 바위로 웅크린
그대 오랜 독백의 노래임을 알아
모로 기우는 붉은 시간의 종말을 안고
산으로 누워계시는 죽음을
서러이 밟아 오르는 길

비움을 넘어
스스로 산이 되는 여정
그대 앞에 내려놓으면
기꺼이 넘어서야 할
누군가의 길이었으리

시(詩)

붓끝의 여운에
모르게 흘린 눈물과
웃음이 공존하는
가상현실

설명할 수 없는
별천지 누비며
빛과 어둠
삶과 죽음조차 잊어버린
광활한 우주의
고독 속에

블랙홀이
되어 있는
통로

동행의 서(書)

찬란한
숲의 비밀 알기까지
수많은 늪을
건너야 했던 시간들

득음으로
굽어선 산이며
한많은 강물의 생애 마시고
바다가 되는 사랑이기까지

가난한 마음
낮은 이름으로
다시 태어나리니

여명이 불타오르는
그 아침

그대와의 동행은
숲의 영원을 노래하는
푸른 꿈의 다리가 되리

향기

습관처럼 미소하는
나를 향(香)하여
녹녹한 마음의 길
걷노라 하심은

저무는 희망 안의
불쏘시개로
살아가란 말씀인지요

잊어버린 계절에
홀로 연소하는
시든 꽃포기의 구속에서
어둠 이기고 살아있는
생의 고백 향(香)하여

떠오는 자기의 구름으로
살아가란 말씀인지요

흩어짐은
소실로서 자연의 일부가 되는 것
향(香)은 발(發)하여
영원한 자유로 거듭나는
길을 걷게 하심인지요

돌아가는 바람

초판인쇄 | 2011년 7월 20일
초판발행 | 2011년 7월 25일

지은이 | 성 현 철
발행인 | 윤 영 희
주 간 | 이 은 별

발행처 | 도서출판 동행
출판등록 | 제2-4991호
주 소 | 서울시 중구 을지로 3가 302-18 난빌딩 303호
전 화 | 02-338-2734, 2285-0771
팩 스 | 02-338-2722

정가 8,000원
ISBN 978-89-94227-31-3 03810